음반 위의 소금쟁이

박윤기 시집

도서출판 배문사

음반 위의 소금쟁이

지은이 | 박윤기

1판 1쇄 발행 2025년 12월 01일

펴낸이 | 길명수
펴낸곳 | 배문사
출판등록 1989년 3월 23일, 제10-312호
주소 서울시 서대문구 경기대로 76
전화 (02)393-7997
e-mail pmsa526@empas.com

편집 인쇄 삼중문화사

ⓒ 박윤기 2025

ISBN 979-11-989654-8-6 (03810)

값 12,000원

* 낙장 및 파본은 교환하여 드립니다.

* 본 도서는 인천광역시와 (재)인천문화재단의 후원을 받아
  '2025 예술창작생애지원' 사업에 선정되어 발간되었습니다.

음반 위의 소금쟁이

박윤기 시집

시인의 말

옭죄던 먹구름 밀어낸 가을하늘이 푸르고 깊어 가야 할 하늘이 더 멀어졌다. 앞산의 단풍, 철들어 곱게 물드는데, 이 가을 얼마를 더 굴러가야 부질없는 삶 철이 들까.

$1+1=\infty$, 시에 대한 내 나름의 수학공식이다. 한 단어 한 단어가 어떻게 유기적으로 융화하느냐에 따라 시구절에서 독자마다 취향과 경험과 사유에서 느끼는 시적 상상과 감동은 천차만별 다르기 때문이다.

'음반 위의 소금쟁이'를 표제로 하였다. 음반과 소금쟁이, 생소한 두 시어의 충돌과 결합으로 울려 퍼지는 음악의 우레비에 메마르고 지친 감성들이 깨어나는 삶의 충동을 담아내고자 하였다.

1978년 중앙일보에 시로 등단하여 47년이 지난 오늘에야 첫 시집을 낸다. 긴급조치 9호까지 발령되던 살벌한 시절, 〈도천수관음가〉는 귀먹고 눈이 먼 시대적 어둠에 억압된 의식의 눈을 뜨도록 시도한 작품이다.

눈먼 어린 아들에게 광명의 빛을 찾아주려는 어머니, 그 모성적 사랑의 향가 〈도천수관음가〉와 이미지를 융합하여 강한 메시지를 담고 시적 형상화를 구현하려 했으나, 아직도 부족하다는 아쉬움이 남는다.

  생각과 감성을 오롯이 담아낸 완벽한 시는 없다. 마지막까지 고치고 다듬어 갈 뿐이다. 선후배님들의 절편 작품집을 받고도 책빚을 갚지 못하고 미적거리다가, 미진한 시를 엮어 내놓는다. 부끄럽다.

차 례

1부 석류

012— 서시
013— 섬
014— 호수
015— 낮달
016— 햅쌀
017— 새의 탈선
018— 안개
019— 이슬
020— 죽순
021— 어둠을 깁다
022— 석류
023— 고요한 반란
024— 올갱이국
025— 일필휘지
026— 음반 위의 소금쟁이
027— 여백
028— 한로寒露

2부 인종의 겨울

032— 인종忍從의 겨울
034— 우화羽化·1 – 직녀의 노래
035— 빈잔
036— 도돌이표 없는 바다
037— 연날리기
038— 딱따구리
039— 담쟁이
040— 우화羽化·2
042— 푸른 지렁이
044— 바다의 기록
045— 불목하니
046— 백담사
047— 적멸
048— 새의 임종
049— 월인천강지곡 – 만월
050— 실명失名
052— 진달래꽃 득음하다
054— 바람 노래

3부 도천수관음가

056— 도천수관음가禱千手觀音歌
059— 풀꽃
060— 몽돌
062— 나비, 하프를 탄다
064— 봉선화 꽃물 진 누이처럼
066— 분가
068— 겨울 점묘화
070— 섬진강
072— 귀향하는 달빛
074— 붉은 씨앗
075— 바람의 염색
076— 이소離巢
077— 꽃공양
078— 반딧불이
080— 제물포는 없다
082— 하얀 감자꽃
084— 상강霜降
086— 다시 당찬 뿌리 내리다

4부 담쟁이 새순

090— 하루살이
091— 파도
092— 싸락눈
094— 공전空轉
095— 방전放電
096— 빗방울
098— 콩나물
100— 맹그로브 눈물
102— 미얀마 귀뚜라미
104— 창공
105— 담쟁이 새순
106— 소리의 벽
108— 쪽잠 자는 그믐달
109— 미리내, 다시 보고 싶다
110— 거울 아가雅歌
113— 폐농 – 덫에 걸린 바람·1
114— 실종 – 덫에 걸린 바람·2
116— 생존의 법칙 – 덫에 걸린 바람·3

〈평 설〉

117— 신의 눈짓을 받아 지어내는 존재의 집

　　　　　김광원(시인 · 문학평론가)

1
석류

서시

시는
꽃문살 적시고
베갯잇에 스며든 달빛,
그 갈한 목마름이다.

눈보라에
바람이 찍어놓고 간 발자국이다.
매화 등걸에 꽃 필 자리 열어 놓고
먼발치에서 기다리는 여유다.

거센 파도의 채찍으로 벼린 칼날이다.
아니 버림받은 자와 동행하는 시대정신이다.

천길 우물 안,
벼랑에서 함께 길어 올린 물풀꽃 향기
그 진한 그리움이다.

시는
홀로 떠나는
처절한 외로움이다.

섬

망망대해
술잔 하나 떠 있다

비우고 비워도
비워지지 않는

그냥 그대로

푸른
목마름

호수

달,
풍덩
뛰어든다.

일파만파 흩어져
넘칠대는
당신 말씀

별,
차르르
쏟아진다.

산산조각 부서져
흩어지는
진신사리

낮달

소는 간 데 없고
보습만 허공에 떠 있다.

먹구름 깔린 하늘,
갈아엎으려

구름 틈새 비치는 햇살에

여린 보습 날
벼리고 있다.

햅쌀

옷고름 풀어
치마
저고리 벗는다.
얇은 속곳까지 벗는다.

첫날밤

하얀 속살 드러났다.

새의 탈선

허공에
선을 긋고 날아 간 새는

제가 그은 선,
밖으로 날아갔을까
안으로 날아갔을까

인간들은
저들의 편의를 위해
임의로 선 하나 그어 놓고

벗어나는 것을
탈선이라 한다

안개

갈대 잎에
밤새 슬어놓은 알알이
부풀어 부화하는
새벽
알 깨는 진통이
모락모락 피어오르고
이내 뒤틀며
몸부림치더니
갈대 잎엔
알 껍질만 바스락거렸다

이슬

연잎에
아침 햇살
미끄럼 타고
알알이 터진다.

온 방죽
울음소리 굴리는
잠 깬 물새 떼

밤새 켜켜이 쌓인
연꽃 향기 흩트리며
어둠 치고 날아오르자

부서져
흩어지는
수만 캐럿 다이아몬드

죽순

비 갠 뒤

마디마다
한 겹씩
미망의 껍질 벗는다

청댓숲
바람결이
먹구름 쓸고 간 자리

먼 훗날,
꽃 피울 하늘문 열어 놓고

백년 푸를
탑 하나

가슴 비우며
층층이 솟는다

어둠을 깁다

귀뚜라미
시린 칼날 비벼
검푸르게 가라앉은
암울한 가을밤
썰어 놓는다

귀뚤귀뚤
짤려나간 어둠을

새벽안개가
여린 수실로
한 땀 한 땀 깁고 있다

석류

쪼개질 듯
쪼개지지 않는

열려질 듯
열려지지 않는

부서질 듯
부서지지 않는

알알이

흩어질 듯
흩어지지 않는

저 보석의
붉은 성채

고요한 반란

피라미 떼 비늘 치던 물길
막아 흐르지 못하고
드리워진 달그림자마저
썩어버린 크림빛 강물

몇 날을 해루질해도
허기 채우지 못한 가창오리 떼

쉰내 나는 강을

기진한 날개 털고
징검돌 밟듯
일제히 날아오르자

시린 새벽
온 강에 흩어지는
물안개의 고요한 반란

올갱이국

여울 끝 한 자락
자갈돌에
맨살 드러내고 비비다가

급물살에
몇 굽이 휘돌고 굴러
뒤틀려 멍든 몸

아린 속
이토록 퍼렇게 풀어놓느냐.

일필휘지

까마귀 한 마리

화선지 위를

먹빛 울음 머금고
머뭇머뭇 선회하더니

깃을 접고

제 머물 자리
단숨에 내려앉아

검은 발자국 찍으며 종종쳐 난다

음반 위의 소금쟁이

소금쟁이 한 마리
발톱 세워 호수에
살포시 내려앉는다

파문이 퍼지며
뱅글뱅글 도는
호수 위

발톱이 긁고 가는
이랑의 골마다
파르르 떠는 청아한 울림

푸른 음반에서
통통 튀며 깨어나
맑고 선명하게 울려 퍼지는
음향의 유리알

한줄금 우레비로
등줄기 난타하며
후려치고 가는 짜릿한 전율

여백

뉴타운 재개발에 밀려
변두리로 변두리로
보증금 사글세 줄여 갑니다.

삼십 년 세간
버리고 줄여 트럭에 싣고 갑니다.

앞산 단풍,
온몸 비워 불사르는데

찬비 젖은
소슬바람이
뼛속을 파고드는 시골길,

1톤 트럭에도
다 채우지 못한 이삿짐
떨어지는 가로수
은행잎으로 채워 갑니다.

한로 寒露
– 선운사에서

청랑한 예불소리
새벽 시린 물소리

계곡은
천 이랑 만 이랑
염주알 굴리는데

풀섶 디디고 내려앉은 잔달빛,
한 알 이슬로 털리는가.

빈 뜨락마다
목탁소리,
바람에 쓸리어 쌓이고
어디에서
청솔가지 비집고 아침은
피어 오는가.

깃자락에 스미는
한기 털어 내리며
수수밭 너머
빈 들녘에서 동박새 운다.

2
인종의 겨울

인종忍從의 겨울

쉬임없이 씨아를 돌리는 겨울,

무구하게 내리는 목화송이를
물레에 휘감아 매면서 어머니는
연실처럼 아슬한 평생의 기억들을
실꾸리에 감고 계시네.

뼈마디 시린 손으로
일상의 실마리를 한 올 두 올 풀어가며
맹아萌芽를 지란처럼
곱게 피워 내시던 어머니.

허옇게 물들어 돌아가는
생애의 아린 기억들이
갈라진 손바닥에 피 배어있는 채
어머니의 한 평생이
물레 잦는 소리 속에서 울고 있네.

메마른 가슴만 가슴만

세월이 감기는 어머니 마을에는
풀리지 않은 실올이 얼마나 길까.

한 땀 한 땀 깁는 추위 속으로
질긴 마음의 실올은 풀려가나
텅 빈 마음밭,
무너져 내리는 눈사태에
정리는 얼어붙고
이제 어느 역리逆理를 풀어다
찬연한 기도企圖의 봄을 피워내실까.

온 누리가 은색의 수실로
눈을 뜨는 이 밤,
물레 잦는 어머니의 머리칼에도
눈송이는 내려앉는데

나목의 가지 끝에서
혹한의 겨울이 감기는 물레소리를
내 귀는 듣고 있네.

우화羽化 · 1
– 직녀의 노래

누에가
뽕잎 건너
질러가는 강

밤새 갉아먹는 빗소리

몇 잠을 더 자야
올올이 얽힌 실타래 풀고
은하수 건너
만날 수 있을까

나루터까지는
아직
멀다

빈잔

잔에 내려앉는
초승달로 채울까

푸른 건반 두드리는
풀벌레울음으로 채울까

별빛이 쏟아지는
들꽃향기로 채울까

잔에 서린 서릿발
외로움으로 채울까

풀잎에 슬이 논
새벽이슬로 채울까

기다림으로 채울까
그리움으로 채울까

도돌이표 없는 바다

층층이 밀고 오는 파도
바다의 음계 두드리자
난타하여 부서지는
푸른 불협화음의 하모니

알알이 깨어나 옥구슬로 구르다가
싱싱한 지느러미로 휘몰이 치다가
맑고 투명한 선율로
장엄하게 퍼져 흩어지는 즉흥교향곡

메마르고 지친 가슴 깨우며
푸른 광장에 울려 퍼지는 맥놀이
남기고 간 파도는 다시 돌아오지 않는다

항시 새 음계로 파돗길 열어
새로 시작하는 바다

도돌이표 없는

연날리기

목탄으로 뎃상한 마을의 어귀에서
아이들이 연을 날리고 있다

내 어린 마을의 미루나무보다
더 높이 날던 연은
아슬히 그림 밖으로 벗어나고

얼레에 연실을 감고 또 감아 채지만
떠난 연은 돌아오지 않는다

연을 날려 보낸 바람만
도화지를 가득 채운다

우리는 곧잘
메시지를 띄우며 산다

언젠가는
회신이 오기를 기다리며 산다

그림 속의 아이들처럼

딱따구리

먼동 틀 무렵,

야산 초입에서
맨발 그대로
둘레길을 걷는다

난개발에
더 깊은 숲 속으로 쫓겨나
고목의 가슴 갉아먹는
애벌레 찾아 나서다가

이른 아침
도회지 야산까지 찾아와

딱딱딱 따르르 따르르 딱딱

한평생 지고 온 지친 내 발바닥
천근 돌덩이를
쪼아대는 딱다구리

담쟁이

맨손으로
가파른 담벽
기어오르던 담쟁이

세찬 비바람에도
연푸른 식솔 끌어안고
벼랑 한 자락
거세게 움켜쥐던 손

장악력을 잃어
부여잡던 식솔들의 손
늦가을 된서리에
하나 둘 놓아버리고

마르고 굽은 등뼈
저물어가는 담자락에 기대어
해바라기하시는
아버지

우화羽化 · 2

뻐꾸기 울음
오디에 배어 익어갈 무렵
섶에 오른 누에는

푸른 잠뎧 속에 머리 들고
오장육부 뒤틀어 뽑아낸 실로
한몸 누일 집을 짓는다

촘촘하게 짠 실타래 뚫고
나방이로 탈바꾸어 산란할 때까지
아버지는 돌아오지 않았다

땀에 전 흰 가운에선
항시 포르말린 소독냄새와
뽕잎 갉아먹는 푸른 빗소리가 났다

잠사 공무원으로
우량한 누에씨 찾으려고

잠실에서 선잠 자던 아버지도
푸른 잠 털고 섶에 오르고 싶었을까

온몸 휘저어
얽힌 실타래 풀어내어도
다 풀지 못하고
몇 날을 뒤척이다가

나방이 되어
푸른 하늘로
뽕밭 찾아 가셨다

푸른 지렁이

찬바람 휘도는
구름다리 난간 위
굴 까는 할머니 양푼에
구름 몽실몽실 떠 있다.

모담모담
쌓여만 가는
양푼 위 젖빛구름,
다 비워지길 기다리며

무디어진 갈고리로
오금 펴지 못한 관절마디
저려오는 통증 캐듯

휘고 굽은 손으로
잿빛 가난 캐어내는
할머니의 잰 손길,

가을 해거름
햇살 시린 손등에
꿈틀대며 기어가는
푸른 지렁이

바다의 기록

바다는
관절 마디마디,
쉰 듯 젖은 듯 금관악기 소리도 푸르고

거세게 후려치는 채찍,
어깨 들썩이는 울음도 푸르다.

모래톱에 새겨 논 주름살 무늬도
섬 그늘에 온종일 머물다 간 외로움도 푸르고

바위섬에 수천만 년 부서지는 뼈도
눈물 사르어 피어나는 소금꽃도 푸르다.

해일이 덮치고 폭풍에 휩쓸려도
수평선 너머 달려가는 말갈기도 푸르고

온 해협을 휘돌다 돌아와
포구에 넘실대는
만행萬行의 아린 기록도 푸르다.

불목하니

명지산자락
한 짐 지게에 지고
내려오는 사내

눈송이는
제 앉을 곳
높낮이 없이 내려
한빛으로 평탄한데

부려놓을 곳 없어
저리 더디 내려오는가.

삭정이 같은 세월
삭이지 못한 옹이 하나 태우려고
벌목 한 짐 지고
휘청휘청 내려오는가.

백담사

내린천 계곡물소리
고요를 써레질하고
백담사 흰 구름
빈 하늘 마름질한다.

졸음 겨운 봄볕
깨트리는 쇠북소리
잿빛 안개
저만치 밀어내고

목청 터진 산새
돌돌 벼랑 굴리는
소나무 우죽
송홧가루 털고 앉은 자리

만행萬行에 지친 몸
잠시
둥지 튼 낮달

적멸

산새 울음으로도
깨트릴 수 없는
이 고요

제자리만 맴돌던 초침이
봄날 오후의 무료를
버겁게 버겁게 밀어내고 있다.

산그늘로 스며든
저잣거리 사연,
떨쳐버리듯

새벽이슬 털며
휘적휘적 산벚꽃 따라
산방 찾아 들어간 이

이적지
나오지 않는다.

새의 임종

친구의
식어가는 손 부여잡고

– 덕담 한마디 남기고 가시게

인연을 털듯
눈썹을 파르르 떨더니

– 새소리 들게나

호스피 병동 유리창 너머
졸참나무 가지에서
철새 한 마리
가벼운 깃 털며 홀연히 울더니

하늘로 새 둥지 찾아 날아간다

월인천강지곡
 ― 만월

여울이
검푸른 어둠 속,
초승달을 품었다

밤마다
품안에서
둥두렷하게 자라더니
강물에
만삭의 몸을 풀었다

뒤트는 산고로
일렁이는 물살,
온 강이
환하게 휘청이더니

달빛만
천 조각 만 조각
여울에 부서져 번득이고
이내 달은 없다

실명失名

이 겨울 다 가도록
썩어 고인 강 떠돌며
제 둥지 하나 짓지 못하고
기럭기럭 울고 있다.
제가 기러기인 줄도 모르면서

실비에 젖은 몸이
푸른 춘정 이기지 못해
못자리 봇물 터질 듯
개굴개굴 발악한다.
제가 개구리인 줄도 모르면서

긴 잠에서 깨어나
허물 젖은 날개로
여름 한낮 더위를
매앰매앰 털고 있다.
제가 매미인 줄도 모르면서

토란 잎에 알알이
달빛 굴리는 이슬 엮어
한밤내 귀뚤귀뚤
가을밤을 짜고[織] 있다.
제가 귀뚜라미인 줄도 모르면서

진달래꽃 득음하다

심청가로 목을 푸는 봄날
도봉산이 바다가 되었다.

초로의 소리꾼
가파른 도봉산 벼랑 오르며
곰삭은 목청으로
공양미에 팔려가는 설움
한 대목 풀어 놓는다.

여닐곱 살, 악극단에 팔려가
떠돌며 귀동냥으로 익힌 가락
소리 한 마당으로도
삭이지 못한 앙금
목청에 절절이 맺힌 꽃망울

휘모리로 심청이 몸을 던지고

이내 터진 목청
피멍울 토해내는 골짜기마다
진달래꽃 붉게 타는 저녁놀

도봉산이 인당수가 되었다.

바람 노래

바람으로
문을 두드려야 꽃이 피고
바람으로
꽃을 털어내야 열매 맺는다.

바람으로
물길 내야 바다에 이르고
바람으로
뼈를 말려야 소금꽃 피어난다.

바람으로
달을 부셔야 온강에 흩어지고
바람으로
노을 사뤄야 붉은 해가 솟는다.

3
도천수관음가

도천수관음가 禱千手觀音歌

우리가 한 송이 꽃이었을 때
우리를 스쳐가는 모든 것은
바람이었네.

아직 꽃 피우지 못한 마을의 아이들은
눈이 먼 채
불감의 하늘 속으로
잃어버린 점자를 찾고 있었지.

덫에 치인 꿈은
가위눌린 채로 시위잠을 자고
젖줄 끊긴 살 속으로
뜨거운 오열의 소리는 파고들었네.

어느 빈 뜨락에도
새 아침을 몰고 올
작은 새떼는 날아오지 않고
우리들의 양식良識은

쉬임없이 강물에 자맥질하는
회한이었네.

층층이 내려서는
의식의 깊은 벽에
채찍의 겨울은 또 다른 장막을 둘러치고
바람은 무거운 영어囹圄마다
어둠이 부딪쳐 흩어지는 창을
흔들며 있네.

은성했던 꿈의 부스러기가
부서져 내리는 길은 길마다
낮게낮게 매몰되고
긴 회랑을 걸어서
우울의 계단을 빠져나올 때
다시 어둠으로 차는 굴레
모든 시념은 기실
풀었다가 다시 짜는 페넬로페의 직소織造였네.

돌아다보면
그곳엔 오랜 묵시의 강이 흐르고
하늘을 더듬는 아이들의 작은 손이
기폭처럼 바람에 찢겨나가고 있었지.

삼계三界에 가득히
천사들의 은총은 하얗게 내려앉고
어디에서 시작되는 것일까.
청댓잎 푸른 가지를 비집고
피어오르는 아침은.
해조음에 실려오는
비취빛 청아한 아침노래는.

오랜 동면에서 깨어난 아이들은
외출을 서두르고
회색의 겨울은 부활의 눈을 뜬다.

* 페넬로페 : 트로이 전쟁에 출전한 남편을 수의를 짜며 기다리던
　　　　　오딧세이의 아내.

풀꽃

사진을 찍는다

순간
면사포 날리며
슬며시 다가와
내 소매를 잡는 여자

찰칵 –
좁고 컴컴한
앵글의 구도에 들어와

수십 년을
덤불에 가려
꽃인 듯 풀인 듯
살아온 당신

몽돌

서로 모난 몸
갈기 세우고
뜯고 할퀴고 토라지다가

비바람 거친 파도
갈고 닦고 구르고 굴러
귀와 눈, 입까지
매끄럽게 닳아

귀 먹고 눈 먼 벙어리인 채로

오랜 세월
모래톱에 서로 끌어안고
살결 비비다가
검게 타버린
보길도 예송리 몽돌,
잔파도에 사그락대며

저물녘
노을빛 솔바람에
해로하는 노부부

나비, 하프를 탄다

거미줄에 걸린
제비나비

달빛 아래
옭죄는 그물망 털며
처절한 나래로
하프를 탄다

몸부림 칠 때마다
무서운 절망의 탄금소리가
하프줄의 달빛 털 때마다
시린 이슬 흩어지고

젖은 밤 깨뜨리며
파닥이는 탄금소리

더욱 조여오는 거미의 오랏줄

홀연히 나를 듯
온밤을
터는 절규의 날갯짓

봉선화 꽃물 진 손톱처럼
– 누이에게

봉선화 물든 손톱,
선홍빛 꽃물처럼 살아가고 있지만
그만한 슬픔에
그만한 빛깔로 우린 살아가고 있지만

숨죽이며 어깨 들썩이는 샛강에서
들꽃바람 따라 떠난 사내 기다리며
물안개에 젖어 울던 누이야

시린 뒤척임으로
한밤내 뉘누리 치던 강도
아침햇살에 잿빛 비늘 털고
은빛 날개 펼치거니

풀섶에 맺힌 달빛 털며
돌아오던 누이야

너의 가슴속 화흔花痕도
꽃물 진 손톱처럼
화안히 지워질 날 있을 게며…

분가

삯바느질로 모으신 한평생

씨눈이 연약한 놈은 크게
씨눈이 충실한 놈은 작게

감자 씨눈 쪼개듯 나누어
객지로 떠나보내고
홀로 사시는 어머니

고향집 툇마루에 앉아
쪼갠 감자 씨눈
배냇저고리로 감싸듯
재에 버무리신다.

잘사는 놈은 적게
못사는 놈은 넉넉히
골고루 나누어 보내려고

뒤란 텃밭
한땀 한땀 일구어
마름질하듯 고랑 내고
바늘땀 호듯 씨감자 심고
홀치듯 북을 돋우시리라

겨울 점묘화

함박눈에 점령당한
버스정류장

샤터 내린 거리마다
시리고 지친 발자국
지우고 또 지우며
눈이 내린다

야간작업 마치고
돌아올 딸을 기다리며

파고드는 한기 털고
초연히 옷깃 여며
무사히 돌아오길 비는 어머니

포근한 겨울 풍경에
하얀 점 점점이 찍으며
눈송이는 속절없이 내리고

흐릿한 외등 아래
지워질 듯 어머니
한 폭의 점묘화로 서 있다.

섬진강

당신 욕설의 깊이만큼
뉘누리져 흐르는 섬진강

그물에 갇힌 은어
비늘치는 아픔으로 살아오신 어머니

잔잔히 흐르다가
소용돌이치며 밀려오는 너울에
버거워 시린 울음 터는 삶의 무게가
욕설로 흐르고

욕설에 뜨거운 애정이 배어있음을
세찬 물굽이들
넉넉한 품으로 감싸고 도도히 흐르는
섬진강 하구에서야 비로소 알았네.

잔잔히 깃을 치는 섬진강,
하동 포구를 돌아서는 내 가슴에
거세게 용솟음치는
파도가 일렁이고 있었네.

귀향하는 달빛

얼마나 무거웠을까

수십 년을
날품팔이로 떠돌다
한밤내 지고 온 푸른 달빛,

빈 채 모진 비바람 된서리에
뼈대마저 삭아가는 고향집
툇마루에 풀어놓는다.

밀려나 처진 어깨
도닥여 주시던 어머니
뒤란 장독대에
숨결 남기고 가셨다.

졸이고 삭이신 인종의 나날이
간장독 바닥에
자수정으로 응결된 씨간장 맛,
깊어 아늑하다.

새 아침 맞이하라고
청댓숲 디디고 온 소슬바람이

세간에 켜켜이 쌓인 묵은 달빛,
흩뜨리고 간다.

붉은 씨앗

세찬 눈길 헤치고
택배원이 놓고 간 배송상자엔
어떤 씨앗들이 담겨 있을까

묵정밭 갈아 따서 말려 보낸
아버지 맵고 끈끈한 사랑
태양초 고춧가루가 담겨 있을까

젖이 말라 눈물 반 길러내신
어머니 젖은 젖무덤처럼
말려 보낸 반건시가 담겨 있을까

움츠리던 잠에서 깨어난
뜨거운 씨앗,

뿌리 내릴 기다림으로
매찬 겨울이 두렵지 않다

* 반건시 : 수분이 반쯤 마른 곶감

바람의 염색

온몸이
꽃물에 젖는다.

치대고 헹구어
줄에서 너울대는
한산 세모시

황톳바람 불면
황톳물 들고

감꽃바람 불면
감꽃물 들고

어름사니
합죽선으로 바람 잡으며
팔랑대는 춤사위로
줄 위에 한시름 풀어놓는다.

바람에 빛깔이 익는다.

이소離巢

미루나무 가지 사이
짙푸른 잎으로 가리고
새끼 길러내던
그 은밀한 둥지

하나둘 객지로
등 밀어 날려 보내고

칼바람 눈보라에
잎 다 진 앙상한 가지 새로
부끄러운 줄 모르고
드러낸
빈 자궁

꽃공양

시골 초상집 마당

모두 객지로 떠나보내고
홀로 헛헛하게 지내다
기척 없이 가신 독거노인

차일을 치고
모닥불에 빙 둘러앉은
마을 청년들
막걸리 몇 순배로
언 몸 녹이며 밤을 새워도
상주도 오지 않은 이른 새벽
실바람이
마당귀 살구꽃 흔들고 간다

마지막 비우고
툇마루에 내놓은 자장면 그릇에
가시는 저승길 밝히라고
쌓이는 꽃잎, 꽃잎

반딧불이

반딧불이 유유히 노니는
통영의 산골 깊고 아늑한 요양원

위치를 바꾸어야 들리는
불통의 오지에서
끊어졌다 이어지는 어머니 말씀
– 어머니, 저예요
  요즘 식사 잘 하세요
– 그래, 하늘이 너무 맑고 푸르다

가끔 반딧불이처럼 깜박이시는
기억의 회로에 보청기도 낄 수 없어
귀까지 어두워진 어머니
까막까막 들려오는 음성에 묻어오는
먼 통영 앞 바다의 굴향기

단축번호
벨이 울린다

- 어머니 무슨 일 있으세요
- 아니다. 잘 지낸다
- 아프신 데는 없구요
- 그냥…

자주 찾아뵙지도 못한 자식놈
보고 싶다는 말도 못하고
반딧불이로 먼 길 밝히며 가셨다.

스마트폰에 저장된
가슴 저미는 기억 하나 지운다.

제물포는 없다

포구 물길 막아
갯벌 메우고
호화여객선처럼
정박한 고층아파트

갈매기 몇 마리
빼앗긴 제 삶터 찾아와
끼룩끼룩 울고

개화기 문물
봇물 터지듯 밀려오던 제물포

강제조약 맺어
공물 실어나가던
강점기 수탈의 부두,

인천연안 어디에도

고향으로 가는 여객선 기다리며
그리워 뒤척이던 객방에서
부슬부슬 오는 비에
밤이 더디던*

제물포는
없다.

* 김소월의 시 〈밤〉 "부슬부슬 오는 비에 밤이 더디고" 인용

하얀 감자꽃

아파트
자투리땅에
감자꽃 피었다

시골 땅뙈기
농협 빚으로 넘기고
서울근교 아들 아파트에
얹혀사는 아버지

아파트 뒤 공터 얻어
잡초와 쓰레기 걷어내고
고향의 씨감자 심었다

뻐꾸기 붉게 울 때마다
고향마을 밝히던 하얀 감자꽃
타향에서 다시 피어난 하얀 감자꽃

오롯이 감자밭 보살피는 노인
무딘 괭이날로
촉촉한 바람 다독이고
햇살 모아 북을 돋다가

- 어르신, 감자꽃 따내야 씨알이 굵어진대요

허리 펴고 나를 바라보신다.

- 냅둬유
감자꽃 볼라고 심은 것인디

상강 霜降

꽃내음 실어오는 바람같이
찬 서리 밀어내는 바람처럼
흘러가야
그렇게 흘러가야

화안히 웃다가도
이내 허옇게 시들어
돌아가는 세상일

천 길 뿌리까지 흔드는
서리바람이 밀려오면
쓰러졌다 일어서며
온몸 부벼 전신으로 우는 억새

억새꽃만 하얗게 부서져 흩날리고
바람이 무너진다.
그만한 울음 내려앉는다.

그 울음이
서릿발 들치고 일어서는
맹아萌芽가 되리라

새싹 밀어 올리는 바람처럼
먹구름 밀고 가는 바람같이
흘러가야
그렇게 내가 흘러가야

다시 당찬 뿌리 내리다
― 축《환경기술》복간

달그림자 뜨지 않는
작은 샛강에 부레옥잠 뿌리를 내렸다

잿빛 쉰내 나는 강기슭 떠다니며
낮에는 잎과 부레에 가득 머금던 매운 탄소,
밤마다 상그러운 산소로 뿜어내던 부레옥잠

시궁창에 내린 뿌리 온 강으로 뻗어가며
맑고 푸른 숨길을 열어
송사리 떼 깃을 치고 농병아리 종종쳐 난 지
여러 해가 흘렀다

이상기후와 팬데믹으로 진저리치는 지구촌
거센 한파로 시달리던 겨우살이
움츠리던 새우잠에서 깨어나
연둣빛 새순 뽑아 올린 부레옥잠
얼음장 헤치고 당찬 뿌리 내린다

그대는
온 누리 지키는
보랏빛 꽃으로 다시 피어나리라

4
담쟁이 새순

하루살이

긴—
잠에서 깨어나
젖은 날개 추스르고
한 생애를
부단히 날갯짓해도
허기 채울 수 없는 하루살이

손수레 밀어
굽은 허리 추스르며
저무는 노을의 고갯턱 붙잡고
이 동네, 저 골목 폐지 주워
홀로 하루를 넘기시는 할머니

하루가 천 년이다

파도

의식이 비틀거리는
빙판길을
마차는 달린다.

어둠을 나르는
바큇소리에
겨울아침은 깊은 잠을 깨고

흔들거리는
공간 속으로
채찍의 소리는 흩어져 간다.

싸락눈

동묘 앞 담자락,
번개시장이 반짝 열렸다.

바래고 해어진 헌옷,
뒤축 닳은 구두
낡은 명품 레텔 휘젓고 가는
초겨울 찬바람을
언 손으로 비비며 손님 기다리는 김씨

기만과 술수의 헝겊으로
누덕누덕 기운 정치판보다야
떳떳하지 않느냐, 불경기 탓인지
간혹 찾는 손님 있다며

허탈하게 웃는다.
구청 단속반이 떴는지
급히 물건을 배낭에 쓸어 담는
김씨 어깨 위에
싸락눈이 내린다.

썩어 쉰내 나는 골목,
사락사락 소금 뿌리는

공전空轉

쇠똥구리 한 마리

커다란 쇠똥경단을
발톱으로 굴리고 있다

가파른 비탈길
온 발톱으로 밀고 굴려도
오르지 못하고
항시 제자리

구린내 풍기며
헛도는 지구

방전放電

저 처절한 몸짓

치열하게 몸부림치다
기진해버린 전자벽시계

급히 이삿짐 떠난 마당귀
세간 버리고 간 감나무 밑동에
비스듬히 기대어 숨줄 놓았다.

항시 제자리에서 쫓기듯
미지의 하늘길 맴돌던 행로

고갯마루 넘으려다
넘지 못하고
파르르 파닥이다가
지친 팔 늘어뜨린
손 끝,
그의 임종시간
일곱시 이십오분 오십구초

빗방울

유리창에 빗방울이 구른다

어떤 놈은 줄 잘 타서
유유히 굴러 내리고

어떤 놈은 서두르다
옆길로 사라지고

어떤 놈은 두 몸이 얽혀
춤추듯 어르며 구르고

어떤 놈은 머뭇거리다
큰놈에게 먹혀버리고

어떤 놈은 티끌에 걸려
파르르 진저리치고

어떤 놈은 제 등짐에 깔려
산산조각 으스러지고

어떤 놈은 단숨에 온몸 굴려
장렬하게 부서진다

콩나물

한곳에 머물러
푸른 싹 틔우기 위해
얼마를 더
허공에 떠서 어둠 더듬어
뿌리 내려야 했을까

햇빛이 그리운
음지의 연약한 목숨은
검은 절망 젖히고
얼마를 더
머리 내밀어야 하나

채근하는 조선소 야간작업,

오늘밤도
높은 선실내벽 강판에서
채 뿌리내리지 못하고
부등한 차별의 분노,

그 틈을 땜질하는
노란 헬멧의
비정규직 용접공

맹그로브 눈물

제 눈물보다 짠 바닷물에
뿌리 내리는 맹그로브
밀어내고 파헤쳐
개발이익 탐하는
거대한 괴물들에게
고향 바닷가
송두리째 빼앗기고
이곳저곳 떠다니다
인천 연안까지 흘러와
소형어선 옮겨 타며
궂은 뱃일하던 뱅그라데시 청년,
자맥질하여 낡은 고깃배
스크류에 감긴 어망 걷어내다
뿌리 잘린 손가락
접합수술 마친 낯선 나라 병실에서
껍질 깨는 아픔 견디며
뿌리내리려는

맹그로브 씨 하나
눈가에 맹그르 도는
제 고향 바다보다도 짠
발아發芽의 눈물

* 뱅그라데시 맹그로브 숲이 기업인들의 난개발에 점점 훼손
 되고 있다.

미얀마 귀뚜라미

소음과 미세 먼지의
야간작업에 쫓기다가
프레스에 두 손가락 잘린
미얀마 청년,

피로 물들이는 군부의 내란으로
불타는 민주화의 열망,
아내와 딸을 두고도
조국에 가지 못하고

불법체류자로
고용주에게 발목이 묶여
상해보상도
제대로 받지 못하는 젊은 가장,

수술 회복실에서
잘려나간 손마디 바라보며
여린 날개 파닥이는 오열

가을밤 촉촉히 적시는
귀뚜라미보다 더 깊다

창공

이 땅에서 얼마를 멀어져야 창공이라 할 것인가
연 끊고 날아가는 그 위를 창공이라 할 것인가
부푼 설렘의 바닷길에서 수장당한 어린 별들
새로 피어나 곱게 수놓을 밤하늘은
이 땅에 있는가

살아오길 애절하게 기다리는 엄마에게
물살이 턱밑까지 차오르는 선실에서
딸이 오히려 사랑과 위로의 번뜩이는 문자,
마지막 날리는 부끄러운 치욕의 바다
그 위를 창공이라 할 것인가

절망과 공포의 바닷속 할퀴며 짓뜯다 간 어린 별
다 찾지도 못하는 불통의 거리를 창공이라 할 것인가

숨비소리 터트리며
떠오를 것만 같던 별들이 제 살 흩어버린 저 광활한 바다
꽃 피우지 못한 어린 별들이
젖은 꽃망울 현란하게 터트리며 소요유할 절대무변의 공간

담쟁이 새순

– 이 아이만이라도…

탈레반의 공습으로
아프가니스탄에서 철수하는
미군수송기에 탑승하려고 몰려든 난민들

항공기지 담벽을 먼저 넘으려다
쓰러지고 짓밟혀 죽는 아수라에
아이를 안은 채 밀려난 사내

간절한 절규를 담장 철조망 위로 던지자
한 초병의 맺힌 눈물이 갓난아이를 받는다.

절망의 벽을 가까스로 넘은
담쟁이 여린 새순

아이도 아버지도 병사도 비정의 철조망도
중계방송을 지켜보던 온 지구촌도
거대한 충격으로 울었다.

소리의 벽

귀가 어두워졌다
더 낮은 곳으로 귀 기울여
진실을 밝혀달라고
목청껏 외치는 절규도
듣지 못하는
벽이 있었구나

귀청을 울리지 못한
절실한 메시지만이
은사시나뭇잎처럼
철망에 매달려 나부끼고
소통의 간절한 외침,
차단하는 소리의 벽

서로 같은 하늘
마주보면서
나뉘고 갈라진 땅,

하나 되길 바라는 기원들이
공허한 이명으로 울리는
유리벽
우린 서로
스크린 도어에 막혀 있구나

쪽잠 자는 그믐달

떠간다
그믐달
술에 젖어 떠간다

흐느적이며
온 하늘에 먹물 뿜어놓고
주절대며 가더니

굴풋하면 호수에 뜬 제 그림자
계란말이 해먹고

열구름 한 간 빌어 쪽잠을 잔다

보일 듯 말 듯
언제 사라질지도 모르면서

미리내, 다시 보고 싶다

쏟아질 듯
촘촘히 박힌 밤하늘
별을 헤며 어린 시절 꿈을 키웠다

시리게 푸른 하늘에
가스로 유대인을 학살하던
절멸수용소 잿빛 연기처럼
온실가스 장막을 둘러치는 이 그 누구인가

탐욕과 편의가 빚어낸 탄소 과잉배출이
폭염의 재앙에 목이 마르고 굶주리던
여린 목숨들을 앗아갔다

만년 빙하 숨구멍을 녹여버리는
화석에너지 절멸의 장막을 부셔버리고

물방울이 통통 튈 것 같은 미리내,
밤하늘 휘도는 물굽이 다시 보고 싶다

겨울 아가 雅歌

빛이 내린다.
무수한 새떼들이
깃털을 날리는 하늘

둥지마다 구슬픈 울음소리가
음악의 아릿한 유리알처럼
은은히도 내려오는 동안,
그 리듬에 차분히 춤추며
사계에 가득히 눈이 내린다.

어깨에 무거운 우울을 지고
밀려가는 사람들의 조브장한 가슴속에
동결되었던 견고한 담.
낮게 낮게 무너져 내리고
저마다 다른 길을 걷는 길목에서
순회하는 순례자와 만난다.

응결되었던 서로의 사랑도
마음의 빗장을 풀고
빛의 강림을 향해
화해의 비둘기를 날리는
참으로 착한 우리들의 은빛 겨울이여.

어두운 만큼의
가난한 등불을 켜고
온 누리에 무구한 깃털을 내려
일렁이는 사유의 숲속,
불감으로 누워있는 지성의 이마 위에
환히 숯불을 피우는데도
우리가 거두어들일 이삭은 없다.

어둠을 쪼아 내리는
새들의 구슬픈 울음소리가
하얗게 하얗게 찢겨 내리는 산하,

가득히 그 울음 채우지 못하고
겨울바다에 흰 살갗 바스라져도
어느 하늘자락 파랗게 물들이는 것일까.

더러는 침몰하고
더러는 남루의 광야를 깁고 있을
조요로운 빛이 깔리는 어디쯤
숨결도 맑은 산다화는 피어나고 있는가.

어둠을 밝히는
새들의 깃무덤 속에서
봄을 길어 올리는
무량의 사랑과 의지는
눈을 뜨고.

폐농
– 덫에 걸린 바람·1

대처로 일자리 떠났는지
빚더미 짊어지고
야반도주했는지

처마 끝
엮어 말린 무청 그대로
떠난 주인 없는 폐가

집배원이 놓고 간
누렇게 바랜 농협 독촉장

먼지 앉은 툇마루에
파르르 떠는
가랑잎 하나

실종
– 덫에 걸린 바람·2

미싱바늘
손마디 밟고 갔는지

재단기 작두날에
손가락 잘렸는지
정리해고, 생존권 외치다
물대포 맞았는지

재개발 규탄하다
발가락 동상 걸렸는지

산업재해 직업병
종양수술 받았는지

탑골공원 뜨락,

발가락이 없이
늦가을 시린

햇살 쪼아 먹는
비둘기들

절뚝이는 하루

생존의 법칙
- 덫에 걸린 바람·3

땡볕,
눈보라,
비바람 헤치고
현장조사 다니는
금융실사 조사원인 아내.
어제 나이 든 동료 해고되었다며
폐경기 넘긴 거친 얼굴, 잔주름 없애려
이 아침, 화사하게 화장하는가.
개스실에 끌려가지 않으려고
검지손가락에 바늘 찔러
몇 방울 돋는 붉은 피
핏기 없는 파리한
얼굴에 바르자
화색이 돌던
아우슈비츠
유대 여인,
그 갈한
눈빛

〈평 설〉

신의 눈짓을 받아 지어내는 존재의 집

– 박윤기 시집 《음반 위의 소금쟁이》

김광원(시인·문학평론가)

1. "벼랑에서 길어 올린 물풀꽃 향기"

공자는 "아침에 도道를 들으면 저녁에 죽어도 좋다."[1]라고 했는데, 이는 사람이 살아가는 일에서 도를 알고 모르고가 무엇보다 중요하다는 사실을 역설한 표현이다. 그만큼 도를 알고 실천하기가 쉽지 않다는 사실을 말한 것이라 할 수 있을 것이다. 또 맹자는 "사람이 닭이나 개를 풀어놓은즉 찾을 줄을 알면서도, 자기 마음은 풀어놓고도 찾을 줄을 모른다. 학문의 길은 다른 것이 아니다. 그 풀어놓은 마음을 찾는 것일 뿐이다.[2]"라고 하였다. 이를 통해 보면 공자가 강조한 '도'란 맹자가 말한바 '풀어진 마음[放心]'을 되찾는 일임을 알 수 있다. 그 풀어진 마음을 어찌하면 되찾을 수 있다는 것일까.

---

1) "朝聞道夕死可矣"
2) "人有雞犬放則知求之 有放心而不知求 學問之道無他 求其放心而已矣"

바로 이 지점에서 예술가는 철학의 길을 만나게 된다. 진정한 예술가는 진眞을 통하지 않고 바라는 바의 미美를 얻을 수 없으며, 미를 추구하는 가운데 삶의 비밀을 점차 얻어내기 때문이다. 예술가에게서 진선미眞善美 즉 진과 선과 미는 별개의 것이 아니요, 관점에 따라 다르게 나타날 뿐 삼위일체의 속성을 지닌다 할 것이다. 진은 철학과, 선은 윤리와, 미는 예술과 더욱 긴밀하게 연결된다. 시의 창작이 삶을 보장해주지 못해도 예술가로서의 시인이 시를 놓지 못하는 이유가 여기에 있다 할 것이다.

시인은 창작을 하는 가운데 삶의 비밀[眞]을 터득하게 되고, 동시에 그 비밀을 실천하는[善] 계기를 마련하게 되며, 게다가 자기존재의 이유를 영적 아름다움[美]으로 고양시킬 수 있다는 것을 인식하고 실천하는 존재라 할 수 있을 것이다. 그래서 시인은 비록 물질적 보상이 따라오지 않는다 해도 정신적 보상만으로도 만족하면서 자기 삶을 승화시키려는 의욕을 지닌 자라 할 수 있을 것이다. 하이데거가 말한 바대로 시인은 시를 통해 자기존재의 의미를 발견해내고 자기존재의 집을 구축하는 자라 할 수 있게 된다.

박윤기 시인은 자신의 필력에 대한 재능을 어린 시절부터 인식하기 시작했던 것으로 보인다. 고등학교 시절에는 전주시 고교생 동아리인 〈길문학동인회〉에 가입하여 활동하였고, 1966년 고3 때는 도청 공보관의 화랑에서 개인시화전을 열기도 하였다. 그 당시 드나들던 서점 등의 후원을 받아 일을 벌였다 하니 매우 적극적인 도전정신을 보여준 셈이다. 박정희 군사정권 시절, 사회적으로 민감한 문제까지 꺼내들었던 젊은 용기와 예술적 몰두의 힘은 어디서 어떻게 비롯

되는 것일까. 사람마다 정도의 차이는 있겠으나, 인간은 선천적으로 무엇에도 걸림이 없는 영적 요소를 지니고 태어난다. 박윤기 시인은 시를 습작하는 청소년 시절 자신의 내면에서 울리는 영적 울림을 다소 빠르게 실천한 것이라 할 수 있을 것이다.

  1977년과 1978년 그는 신춘문예 시 부문에서 두 차례 연거푸 당선되었다. 이런 사실은 고교 졸업 10년 만에 이루어진 그의 문학적 성장을 압축하여 보여준다. 고교 때의 개인시화전 이후 60년의 긴 세월이 흘렀다. 그간 절필한 것도 아니고 꾸준히 시를 써온 것인데 박윤기 시인은 2025년에 와서야 첫 시집을 내게 되었다. 말할 것 없이 시인의 감회는 클 것이겠으나, 그 속사정을 어찌 구구히 알 것이며 알아본들 그게 이 글의 전개에 무슨 도움이 되랴. 어쨌든 남다른 배경을 가진 그의 첫 시집 작품들을 받고 보니, 이 작품들에 내재된 시 세계를 어떻게 펼쳐야 할지 다소 난감한 숙제를 안게 되었다. 허나 어찌하랴. 시인이 안고 왔을 파란만장의 세월은 짐작으로 넘기기로 하고, 시 작품에 집중하여 시 속에 담긴 시인의 정신세계를 비롯한 예술세계의 일부나마 대강 헤아려 본다.

시는 / 꽃문살 적시고 베갯잇에 스며든 / 달빛, 그 갈한 목마름이다. // 눈보라에 / 바람이 찍어놓고 간 발자국이다. / 매화 등걸에 꽃 필 자리 열어 놓고 / 먼발치에서 기다리는 여유다. // 거센 파도의 채찍으로 벼린 칼날이다. / 아니 버림받은 자와 동행하는 시대정신이다. // 천길 우물 안, / 벼랑에서 함께 길어 올린 붓꽃 향기 / 그 진힌 그리움이다. // 시는 / 홀로 떠나는 / 처절한 외로움이다. -〈서시〉 전문이 시 〈서시〉에는 시를 대하는 시인의 내면세계가 비교적 구체적으로 담겨 있다. 시를 향하는 결기가 서슬 퍼렇게 살아 있고, 자기존재의 의미를 구현해내겠다는 의지가 불퇴전의 자세로 다가온다. 5연으로 구성되어 있으나, 이 시의 의도는 1연에 이미 함축되어 있다. 2~5연은 1연의 의지를 다양한 각도에서 보여주는 반복과 여운이라 할 수 있을 것이다. 시는 자신에게 목숨과 같이 소중한 것임을 강조한다. 한밤에 잠 못 들고 맞이하는 달빛은 삶의 의미를 반추하는 내면의 진정성을 느끼게 한다. 꽃문살을 통과한 달빛이기에 길고 긴 세월 가슴에 담아온 그의 소망을 짐작하게 하며, 베갯잇에 스며든 달빛은 끝없이 이어져온 시적 화자의 아픔과 눈물을 떠올리게 한다. 시인에게 시는 베갯잇에 스며드는 달빛처럼이나 쉽게 잡히지 않는 삶의 목표요, 길고 긴 날의 목마름이라는 것이다.

눈보라 속 찬바람을 맞으며 걸어온 그가 이제 "매화 등걸에 꽃 필 자리 열어놓고" 먼발치에서 여유를 가지고 기다리고 있으니, 이게 바로 시인의 마음이라 할 것이다. 2연의 매화, 3연의 칼날, 4연의 물풀꽃 향기가 1연의 달빛 목마름에 줄줄이 이어져 나와 시인의 내면에 지닌 다양한 정신세계가 한 덩어리로 융합되고 있다. 특히 3연의 "버림받은 자와 동행하는 시대정신"은 인간의 기본 도리를 중시하는 시인의 정신자세를 엿보게 한다. 마지막 연 "시는 / 홀로 떠나는 / 처절한 외로움이다."라는 구체적인 말로써 앞에 제시한 암시와 상징의 의미를 다시 반복하며 정리하고 있다. 〈서시〉는 시 창작 60년 세월이 박윤기 시인에게 구도의 긴 역정이었으며, 앞으로도 계속 진행될 것임을 고백하는 시라 할 것이다.

2. "파돗길 열어 새로 시작하는 바다"

마르쿠스 아우렐리우스(121~180)는 "변화를 두려워하는 사람이 있느냐. 변화가 없다면, 네가 할 수 있는 일이 단 한 가지라도 있을 것이라고 생각하는 것이냐."[3]라고 말하면서, 인간 내부에는 무엇에도 변하지 않는 '지배하는 이성理性'이 있으며, 이 '이성'을 얻기 위하여 끝없이 변화해야 한다고 하였다. 그는 '이성'이란 곧 자신의 본성임을 강조하고 있다. 무엇에도 변하지 않는 본성이란 도교의 무극, 불교의 법신불, 원불교의 일원상, 유교의 양심, 우리 민족의 인내천 사상 등과 상통하는 개념으로, 마르쿠스 아우렐리우스가 말하는 '지배하는 이성'은 인간의 내부에 존재하는 동양의 도道의 개념과 다르지 않음을 알 수 있다. 결국 구도의 과정이란 자신 내부의 신성神性을 향한 길고 긴 수련의 과정이라고 말할 수 있을 것이다.

쉬임없이 씨아를 돌리는 겨울, // 무구하게 내리는 목화송이를 / 물레에 휘감아 매면서 어머니는 / 연실처럼 아슬한 평생의 기억들을 / 실꾸리에 감고 계시네. / 뼈마디 시린 손으로 / 일상의 실마리를 한 올 두 올 풀어가며 / 맹아萌芽를 지란처럼 / 곱게 피워 내시던 어머니 // 허옇게 물들어 돌아가는 / 생애의 아린 기억들이 / 갈라진 손바닥에 피 배어있는 채 / 어머니의 한 평생이 / 물레 잦는 소리 속에서 울고 있네. // 메마른 가슴만 가슴만 / 세월이 감기는 어머니 마을에는 / 풀리지 않은 실올이 얼마나 길까. // 한 땀 한 땀 깁는 추위 속으로 / 질긴 마음

---

[3] 마르쿠스 아우렐리우스(박문재 옮김), 《명상록》, 현대지성, 2018, 134쪽.

의 실올은 풀려가나 / 텅 빈 마음밭, / 무너져 내리는 눈사태에 / 정리는 얼어붙고 / 이제 어느 역리逆理를 풀어다 / 찬연한 기도企圖의 봄을 피워내실까. // 온 누리가 은색의 수실로 / 눈을 뜨는 이 밤, / 물레 잦는 어머니의 머리칼에도 / 눈송이는 내려앉는데 // 나목의 가지 끝에서 / 혹한의 겨울이 감기는 물레소리를 / 내 귀는 듣고 있네.
 -〈인종忍從의 겨울〉

 이 시는 경건하게 다가온다. 그 이유는 어디에서 비롯하는 것일까. 주제의식의 간절함과 비유를 통해 그려내는 시적 표현의 균형감이 상하좌우 긴밀하게 조화를 이루고, 시가 품고 있는 상징성이 독자의 내면에 깊은 울림을 주고 있기 때문일 것이다. 이 한 편의 시에는 어머니의 한 평생이라는 긴 서사가 함축되어 있다. 시간적 배경은 혹한의 겨울이다. 한겨울의 눈송이와 목화송이와 하얗게 물들어가는 어머니의 머리칼은 이 시의 전체적인 분위기를 하얀 바탕으로 그려낸다. 눈송이가 내리는 겨울밤, 머리칼 희어가는 어머니가 물레를 돌리며 목화송이를 감아내는 장면은 그 자체로 시적 서정성을 한껏 끌어올리는 명장면이며, 비경을 연출하는 고요한 분위기 속에서 이 시의 주제의식도 연실이 풀려나오듯 자연스럽게 녹아나오고 있다.
 이 시는 1977년 전남일보 신춘문예 당선작으로 군사독재 정권을 배경으로 탄생한 작품이다. 한겨울 평생의 기억들을 실꾸리로 감고 있는 어머니의 지난 세월에는 "맹아萌芽를 지란처럼" 피워내기도 했지만, "갈라진 손바닥에 피 배어있는 채" 울고 있는 날들이 계속 이어져 왔음을 말하고 있다. 아픔을 견디며 물레를 감고 있는 어머니는 암울하기만 한 시대상

황 속에도 좌절하지 않고 끝내 헤쳐 나가려는 견고한 민중의식을 상징하는 존재라 할 것이다. 메마른 가슴속 여전히 풀리지 않는 실올이 길기만 하여도 '찬연한 봄'을 꾀하고 있는 간절한 어머니의 모습은 가히 성녀聖女의 모습으로 다가온다. 6연 어머니의 "텅 빈 마음밭"은 "무너져 내리는 눈사태" 속에서 역리를 풀어내고 봄을 피워낼 수 있으리라는 가능성의 근원적 힘으로 작용한다. 마음밭[心地]를 비우며 역경을 헤쳐 나가는 모습은 구도자의 모습 그대로라 할 것이다.

이 시의 주제를 분명하게 보여주는 6연에 이어 7~8연은 주제를 심화시키면서 여운을 주며 마무리된다. "온 누리가 은색의 수실로 / 눈을 뜨는 이 밤" 어두운 밤이 은색의 수실로 하얗게 꾸며지고 있으며, 고통스럽게 물레를 잣는 어머니의 머리칼에도 눈송이가 내려 온 누리는 주객을 구분할 수 없는 설국으로 변하고 있다. 추위 속에 한 땀 한 땀 깁는 어머니의 텅 빈 마음이 마침내 봄을 불러올 것이라는 암시를 심화시킨다. 이 시의 극적인 묘미는 8연에서 보여준다. "혹한의 겨울이 감기는 물레소리를 / 내 귀는 듣고 있네." 성녀의 모습으로 다가오는 어머니의 모습이 눈을 맞고 있는 겨울나무의 심상으로 전환되고 있으며, 겨울나무에서 물레소리를 듣고 있는 시적 화자 '나'의 등장은 봄을 이미 확신하고 있는 견고한 의식의 확산을 객관화하는 기능을 하게 된다. 혹한의 나목 가지 끝에서 "겨울이 감기는 물레소리"를 듣고 있다는 것은 겨울나무의 생명력과 민중의식의 회복을 동시에 상징하면서 시적 화자의 내면에서 이미 봄을 확연히 감지하고 있음을 보여준다 할 것이다.

물레를 돌리는 어머니의 모습을 작품화하고 이를 통해 삶의 경건함을 이어받게 되는 시적 화자 내지 시인의 내면은 자연스럽게 다음 시의 탄생으로 이어지게 된다. 박윤기 시인이 보여주는 일련의 시들은 자기 스스로를 단련시키고 고난의 세월 속에서 일어나고자 하는 간절한 자세를 보여준다. 〈인종의 겨울〉이 보여주는 구도자적 면모는 이후의 시들에서 꾸준히 이어지게 된다. 예술로서의 시 창작이란 끝없이 선지식을 찾아다니며 깨달음의 세계를 구하는 선재동자의 모습을 연상시키는 작업이라 할 것이다. 몇 편의 작품을 통해 구도자적 면모를 살펴본다.

누에가 / 뽕잎 건너 / 질러가는 강 // 밤새 갉아먹는 빗소리 // 몇 잠을 더 자야 / 올올이 얽힌 실타래 풀고 / 은하수 건너 / 만날 수 있을까 // 나루터까지는 / 아직 / 멀다 －〈우화羽化 - 직녀의 노래〉 전문

산그늘로 스며든 / 저잣거리 사연, / 떨쳐버리듯 // 새벽이슬 털며 / 휘적휘적 산벚꽃 따라 / 산방 찾아 들어간 이 // 이적지 / 나오지 않는다. －〈적멸〉 일부

알알이 깨어나 옥구슬로 구르다가 / 싱싱한 지느러미로 휘몰이 치다가 / 맑고 투명한 선율로 / 장엄하게 퍼져 흩어지는 즉흥교향곡 // 메마르고 지친 가슴 깨우며 / 푸른 광장에 울려 퍼지는 맥놀이 / 남기고 간 파도는 다시 돌아오지 않는다 // 항시 새 음계로 파돗길 열어 / 새로 시작하는 바다 // 도돌이표 없는 －〈도돌이표 없는 바다〉 일부

'직녀의 노래'라는 부제를 단 앞의 시 〈우화羽化〉는 고난의 한가운데서 고군분투 꿈을 향해가는 간절한 모습을 함축적으로 보여준다. 2연 "밤새 갉아먹는 빗소리"는 수많은 누

에들이 뽕잎을 갉아먹는 실제의 소리를 보여주는 것으로 왕성하게 뽕잎을 갉아먹고 있는 현장의 '빗소리'는 이 시의 주제의식을 드러내는 핵심 요소로 작용한다. '몇 잠'으로 이어지게 되는 누에들의 왕성한 식욕은 곧 먼 세월 후 은하수를 건너고 견우와의 만남을 이루게 될 것이라는 지향점과 연결되면서 자연스럽게 설득력을 높이는 기능을 한다. 4연 "나루터까지는 / 아직 / 멀다."라는 마무리의 제시는 풀어야 할 숙제가 많은 현실적 상황을 제시한다. 우리 민족의 현실에서 견우와 직녀의 만남이라는 주제의식은 곧 남북의 통일이라는 현안을 상징하고 있으니, 이 시가 지니는 상징성은 더욱 큰 공감력으로 다가온다.

위의 〈적멸〉은 구도행위 자체를 시의 제재로 하고 있다. "제자리만 맴돌던" 무료함을 버겁게 밀어내면서 시 속의 주인공이 산속 구도의 적멸 속으로 들어갔다는 내용이다. "이적지 / 나오지 않는" 주인공의 모습이 곧 '적멸'의 구체적인 모습이면서, 이 '적멸'은 앞의 시 〈우화〉의 "나루터까지는 / 아직 / 멀다"의 연장선을 보여주는 구도의 행위라 할 수 있을 것이다. 위 〈적멸〉의 시는 시간과 공간 너머에 존재하는 인간 내면의 초월적 고요의 세계를 느끼게 한다. 그러나 도는 적멸에만 머물면 진정한 도와는 거리가 멀다. 고요의 동굴을 깨고 다시 속세의 저자거리로 나오는 때가 진정한 인고의 시간이 될 것이다. 위의 〈도돌이표 없는 바다〉는 이를 대표석으로 잘 보여주는 시라 할 것이다.

시인은 바다가 울려오는 파도의 소리를 '즉흥교향곡'이라 명하면서 "메마르고 지친 가슴 깨우며" 독자들에게 장엄한 파도의 소리를 들려준다. 허나 그 파도의 교향곡은 순수

그 자체의 일회성 교향곡이기에, 아무리 귀하다 해도 방금 전의 그 파도소리는 다시 돌아오지 않는다는 것이다. 그러나 다행히 바다의 파도는 무한 반복이다. '도돌이표'를 따로 그려 넣을 것도 없이 파도는 영원히 음계를 새롭게 열며 다시 시작한다는 것이다. 바다의 예찬이요, 영원히 살아 있는 존재의식을 명쾌하게 형상화하고 있다 할 것이다. 시인은 마침내 '도돌이표 없는 바다'를 그려냄으로 해서 도를 향하는 구도자의 진정한 모습을 발견하고 형상화하는 순간을 맞이한 것이라 할 수 있을 것이다.

> 심청가로 목을 푸는 봄날 / 도봉산이 바다가 되었다.// 초로의 소리꾼 / 가파른 도봉산 벼랑 오르며 / 곰삭은 목청으로 / 공양미에 팔려가는 설움 / 한 대목 풀어 놓는다.// 여닐곱 살, 악극단에 팔려가 / 떠돌며 귀동냥으로 익힌 가락 / 소리 한 마당으로도 / 삭이지 못한 앙금이 / 목청에 절절이 맺힌 꽃망울 // 심청이 휘모리로 몸을 던지고 / 이내 터진 목청 / 피멍울 토해내는 골짜기마다 / 진달래꽃 붉게 타는 저녁놀 // 도봉산이 인당수가 되었다. -〈진달래꽃 득음하다〉전문

〈도돌이표 없는 바다〉에서 항시 새로운 음계로 파돗길을 열어 치열한 구도의 세계를 열어 보이더니, 시인은 이제 판소리의 세계로 도의 새로운 경지를 끌어올린다. "심청가로 목을 푸는 봄날 / 도봉산이 바다가 되었다." 한 소리꾼이 도봉산 벼랑을 올라가며 내놓는 심청가를 만난 것이다. 그것도 마침 공양미로 팔려가는 애절한 대목이다. 백척간두 벼랑길에서 쏟아내는 휘모리 박자와 심청이 인당수에서 몸을 던지는 순간이 맞아떨어졌다. 게다가 마침 또 도봉산 골짜기마다에 붉은 진달래꽃이 피어나고 있고, 이 꽃바다의 울

음은 도봉산 인당수를 붉은 노을이 퍼지는 저녁바다로 승화된다.

소리꾼의 휘모리 판소리와 인당수에 몸을 던지는 심청의 효심과 도봉산 골짜기의 진달래꽃 풍경이 삼위일체가 되어 도를 추구하는 삶의 벼랑길에서 '도봉산 인당수 저녁놀'이라는 시적 상징을 뽑아 올린 것이다. 사실 알고 보면 인간은 천지의 정화精華가 아니던가. 순수하게 몰두하여 몰두하다 보면 자기의 내부 안에 품겨져 있는 '하늘'을 만나게 되는바, 〈진달래꽃 득음하다〉의 '도봉산 인당수 저녁놀'이라는 세계는 시인이 추구해온 시적 경지의 일단을 형상화한 것으로 이해할 수 있을 것이다.

> 거미줄에 걸린 / 제비나비 // 달빛 아래 / 옭죄는 그물망 털며 / 처절한 나래로 / 하프를 탄다 // 몸부림 칠 때마다 / 무서운 절망의 탄금소리가 / 하프줄의 달빛 털 때마다 / 시린 이슬 흩어지고 // 젖은 밤 깨뜨리며 / 파닥이는 탄금소리 // 조여 오는 거미의 오랏줄 // 홀연히 나를 듯 / 온밤을 / 거미줄 터는 절규의 날갯짓 – 〈나비, 하프를 탄다〉 전문

초로의 소리꾼이 마침내 득음을 하게 되는 것은 어느 날 한순간으로 다가올 수 있겠지만, 득음을 얻어가는 소리꾼의 실상은 매일 매일이 고통을 수반한 수련의 과정이라 말할 수 있으리라. 시도詩道를 걷는 시인의 과정도 마찬가지다. 다음 시 〈나비, 하프를 탄다〉는 시도詩道의 어려움을 보여주는 작품이라 할 것이다. 제비나비의 꿈은 어디로 가고, 달빛 아래서 나비는 거미줄에 걸린 채 하프를 타고 있는 중이다. 한번 몸부림을 칠 때마다 홀연히 나를 듯도 하지만, 거미의 오

랏줄에 걸린 제비나비는 여기서 빠져나갈 수가 없다. 밤새 몸부림치며 자신이 울려대는 절망의 탄금소리에 점점 더 갇히게 될 뿐이다. 제비나비가 오랏줄에 걸린 상황이 개인적 상황인지 사회구조적 상황인지에 대하여는 그리 구별할 이유는 없다고 여긴다. 인간적 삶의 과정에는 '도돌이표 없는 바다'에서와 같이 끝없는 파도를 헤쳐 나가야 하는 경로도 있고, 이런 가운데 '진달래꽃 득음'이라는 꿈만 같은 경지를 만나게 되는 기회도 있다는 사실을 보여주는 하나의 상징적인 제시라 할 수 있을 것이다.

3. "그곳엔 오랜 묵시의 강이 흐르고"

본래 〈도천수관음가〉는 우리 민족 최초의 정형시로 내려오는 신라 향가의 한 작품으로 눈 먼 자식이 눈을 뜨게 해달라고 부처님께 간구하는 내용이다. 향가 〈도천수관음가〉의 제목을 그대로 인용한 이 시는 1978년 신춘문예 당선작으로 "아직 꽃 피우지 못한 마을의 아이들"이 눈이 먼 채 잃어버린 점자를 찾고 있는 내용으로 전개된다. 향가의 '눈이 먼 자식'이 박윤기 시인의 시에서는 '눈 먼 아이들'로 확대되고 있음을 보여주고 있는바, 향가로서 보여주는 〈도천수관음가〉는 불교의 교화라고 하는 시대사적 의미를 지니고 있다면, 박윤기 시인의 〈도천수관음가〉는 박정희 군사독재정권이라는 암담한 시대에 천수관음보살의 위력을 믿으며 고통 속에서 희망을 잃지 않고 일어서고자 하는 현대사적 민중의식의 발로를 보여주는 작품이라 할 것이다. 보살의 자비를 간구하는 일은 결국 인간 내부의 신성神性을 긍정하는 데서 비롯하는 것이라 할 수 있을 것이다.

> 우리가 한 송이 꽃이었을 때 / 우리를 스쳐가는 모든 것은 / 바람이었네. // 아직 꽃 피우지 못한 마을의 아이들은 / 눈이 먼 채 / 불감의 하늘 속으로 / 잃어버린 점자를 찾고 있었지. // 덫에 치인 꿈은 / 가위눌린 채로 시위잠을 자고 / 젖줄 끊긴 살 속으로 / 뜨거운 오열의 소리는 파고들었네. // 어느 빈 뜨락에도 / 새 아침을 몰고 올 / 작은 새떼는 날아오지 않고 / 우리들의 양식良識은 / 쉬임없이 강물에 자맥질하는 / 회한이었네. // 층층이 내려서는 / 의식의 깊은 벽에 / 채찍의 겨울은 또 다른 장막을 둘러치고 / 바람은 무거운 영어囹圄마다 / 어둠이 부딪쳐 흩어지는 창을 / 흔들며 있네. // 은성했던 꿈의 부스러기가 / 부서져 내리는 길은 길마다 / 낮게낮게 매몰되고 / 긴 회랑을 걸어서 / 우울의 계단을 빠져 나올 때 / 다시 어둠으로 차는 굴레 / 모든 사념은 기실 / 풀었다가 다시 짜는 페넬로페[4]의 직조織造였네. // 돌아다보면 / 그곳엔 오랜 묵시의 강이 흐르고 / 하늘을 더듬는 아이들의 작은 손이 / 깃폭처럼 바람에 찢겨나가고 있었지. // 삼계三界에 가득히 / 천사들의 은총은 하얗게 내려앉고 / 어디에서 시작되는 것일까. / 청댓잎 푸른 가지를 비집고 / 피어오르는 아침은. / 해조음에 실려 오는 / 비취빛 청아한 아침노래는. // 오랜 동면에서 깨어난 아이들은 / 외출을 서두르고 / 회색의 겨울은 부활의 눈을 뜬다. ─〈도천수관음가禱千手觀音歌〉일부

이 시는 기승전결의 구조를 보이고 있는데, 1연은 기起, 2~5연은 승承, 6~7연은 전轉, 8~9연은 결結에 해당한다. 기에 해당하는 "우리가 한 송이 꽃이었을 때 / 우리를 스쳐가는 모

---

4) 페넬로페 : 트로이 전쟁에 출전한 남편의 수의를 짜며 기다리던 오딧세이의 아내.

든 것은 / 바람이었네."라는 내용은 우리는 본래 '한 송이 꽃'이었으나, 바람처럼 흘러가는 현상계의 연기緣起 작용에 따라 지금 상황은 고통의 굴레에 놓여 있다는 사실을 암시한다. 승의 "아직 꽃 피우지 못한 마을의 아이들"의 '꽃을 피우지 못한 마을'은 '채찍의 겨울' '무거운 영어囹圄' 등을 통해 군사독재정권의 우리나라를 은유한 것임을 알 수 있으며, '아이들'은 향가 「도천수관음가」에 대응한 표현으로 당대 우리나라의 미래를 상징하는 단어라 할 것이다. 그런 가운데 '아직'이라는 표현은 비정상적 사회가 정상적 사회로 복귀해야 하고, 그럴 날이 언젠가는 올 것이라는 사실을 암시한다. 승에서는 당대 우리 현실의 암담하기만 한 시대적 상황을 형상화하고 있다.

전의 단계(6연)에서는 절망적 처지 속에서 실빛 같은 희망을 극적으로 내비치는 구조를 보인다. '꿈의 부스러기' '우울의 계단을 빠져 나올 때' 등에서 죽지 않은 희망의 암시를 보여주며, "풀었다가 다시 짜는" 고통스러운 페넬로페의 직조일지언정 지향점을 잃지 않은 행위라는 것에서 역시 희망을 보여준다. 7연에서 보여주는 "오랜 묵시의 강"은 시 전체의 구조에서 강력한 전환의 계기를 보여준다. '묵시'는 하늘의 계시라는 의미를 품고 있는 단어인바, 현재는 비록 '하늘(관음보살의 위력 또는 인간의 신성)'을 더듬는 아이들의 손들이 기폭처럼 찢겨나가는 아픔을 견디고 있으나, 하늘의 위력으로 모든 아픔을 감싸 안을 수 있다는 암시를 준다. 그 묵시의 결과는 결(8연) "삼계에 가득히 / 천사들의 은총은 하얗게 내려앉고"라는 표현으로 이어진다. 간절히 버티고 간구하는 자에게는 때가 되면 '하늘'(인간의 신성)은 비정상을 정상으로 바꾸어 놓는다.

"하늘을 더듬는" 간절한 기도 속에서 천사들의 은총인 눈이 내리고, 감옥 같은 채찍의 겨울밤이 꿈결 같은 설국의 아침으로 바뀌고 있다. 추위는 여전하지만 희망의 아침을 되찾은 것이다. 회색의 겨울 속에서 눈이 멀었던 아이들이 드디어 부활의 눈을 뜨고, 이 아이들과 더불어 '꽃 피우지 못한 마을'에 꽃이 활짝 피어날 것이라는 축복의 믿음을 얻게 된 것이다. 이 시에서 '천수관음'이라는 직접적인 언술은 없으나, 그럼으로써 오히려 '천수관음'은 이 시에서 더욱 포괄적으로 작용한다. 말하지 않음으로써 말을 하게 하는 아이러니의 작용이라 할 것이다. '오랜 묵시의 강'이 품고 있는 것이 곧 관음보살의 사랑(하늘의 위력 또는 인간의 신성)이요, 그러한 위력 속에서 '하늘을 더듬는 아이들'의 간절한 기도가 이루어지고 있음을 보여주는 시라 할 것이다.

온몸이 / 꽃물에 젖는다 // 치대고 헹구어 / 줄에서 너울대는 / 한산 세모시 // 황톳바람 불면 / 황톳물 들고 / 감꽃바람 불면 / 감꽃물 들고 // 어름사니 / 합죽선으로 바람 잡으며 / 팔랑대는 춤사위로 / 줄 위에 한 시름 풀어 놓는다 // 바람에 빛깔이 익는다. ―〈바람의 염색〉전문

바람으로 / 문을 두드려야 꽃이 피고 / 바람으로 / 꽃을 털어내야 열매 맺는다. // 바람으로 / 물길 내야 바다에 이르고 / 바람으로 / 뼈를 말려야 소금꽃 피어난다. // 바람으로 / 달을 부셔야 온강에 흩어지고 / 바람으로 / 노을 사뤄야 붉은 해가 솟는다.   〈바람 노래〉전문

앞의 시 〈도천수관음가〉의 출발점은 "우리가 한 송이 꽃이었을 때 / 우리를 스쳐가는 모든 것은 / 바람이었네."라는

표현이었음을 상기한다. 여기서 '한 송이 꽃'은 모든 현상계의 근본원리로서의 절대계를 상징하며, '바람'은 만물의 변화를 품고 있는 현상계를 상징한다고 보면, 세계의 모든 비정상은 정상화의 길로 옮겨갈 수 있음을 말할 수 있게 된다. 즉 음양오행이라는 끝없는 반복은 결국 절대계와 현상계가 둘이 아니라는 의미로서 '색즉시공 공즉시색'이라는 명제에 도달하게 한다. 이러한 사실을 인정하게 될 때 육바라밀의 '인욕'이 이루어지고 비정상의 정상화는 비로소 빠른 속도로 이루어지게 된다. 노자가 주장하는 무위無爲의 변화가 그러한 경지를 보이는 것이라 할 것이다.

현상계의 변화를 의미하는 〈도천수관음가〉 1연 '바람'이 지니는 상징적 의미는 이후 그의 시에서 무위의 변화라는 개념으로 이어지고 있음을 보여준다. 이러한 사실을 위의 시 〈바람의 염색〉과 〈바람 노래〉를 통해 살펴볼 수 있다. 「바람의 염색」에서 "바람에 빛깔이 익"어가는 본래성의 회복은 그리 쉽게 일어나는 것이 아님을 암시한다. 그러한 사실은 "치대고 헹구어" 탄생하는 '한산 세모시'와 합죽선으로 바람 잡으며 외줄 위에서 한바탕 춤을 추는 어름사니의 모습에서 보여준다. 〈바람 노래〉도 그러하다. '바람의 노래'는 무위의 경영이라고 하는 최고의 경지에서 부를 수 있는 세계라 할 것이다. "바람으로 / 꽃을 털어내야 열매 맺는다" "바람으로 / 뼈를 말려야 소금꽃 피어난다."라는 표현은 진공眞空이 품고 있는 '본래성' 즉 '사랑(음양오행의 질서)'의 회복이 쉽게 얻어지는 것이 아님을 보여준다 할 것이다.

이 겨울 다 가도록 / 썩어 고인 강 떠돌며 / 제 둥지 하나 짓지 못하고 /

기럭기럭 울고 있다. / 제가 기러기인 줄도 모르면서 // 〈중략〉// 달빛이 내려 와 / 토란잎에 구르던 이슬 엮어 / 한밤내 귀뚤귀뚤 / 가을밤을 짜고[織] 있다. / 제가 귀뚜라미인 줄도 모르면서 -〈실명失名〉일부

함박눈에 점령당한 / 버스정류장 // 샷터 내린 거리마다 / 시리고 지친 발자국 / 지우고 또 지우며 / 눈이 내린다 // 야간작업 마치고 / 돌아올 딸을 기다리며 // 파고드는 한기 털고 / 초연히 옷깃 여미 / 무사히 돌아오길 비는 어머니 // 포근한 겨울 풍경에 / 하얀 점 점점이 찍으며 / 눈송이는 속절없이 내리고 // 흐릿한 외등 아래 / 지워질 듯 어머니 / 한 폭의 점묘화로 서 있다. -〈겨울 점묘화〉전문

위의 〈실명失名〉은 인간이 아닌 기러기, 개구리, 매미, 귀뚜라미의 모습을 그려내고 있다. 썩어가는 강을 떠돌다 이동하는 기러기도 등장하고, 달빛 속에서 한밤내 우는 귀뚜라미도 등장한다. 자연물로 나타나는 네 생명체의 공통점은 주어진 환경 속에서 본분을 다하고 최선을 다한다는 점이다. 인간은 오만하여 주변 환경을 거스르고 자연의 균형을 깨뜨리는 반면, 기러기는 기러기라는 의식조차 놓아버리고 기럭기럭 울면서 순수한 기러기의 모습으로 살아간다는 것이다. 위신적인 지의식이 없이 살아가기에 이런 순수한 상태를 시인은 '실명'이라 이름을 붙인 것이다. 여기서 우리가 떠올릴 수 있는 개념이 노자가 말하는 무위無爲의 개념이다. 무위라 함은 자연적 균형과 조화 속에서 모두가 평등하게 존재가치를 구현해가는 순리자연의 대동세계를 가정한 이상적 실존철학의 개념이라 할 수 있을 것이다. 자연은 음양오행의 질서 속에서 모자란 것은 채워가고, 넘치는 것은 덜어내면서 흘러간다.

자연은 텅 빈 공[眞空]의 상태이나, 이 진공이 현상계로 발현하여 나타날 때는 음양오행이라는 원리로 나타나게[妙有] 된다. 이러한 음양오행의 원리 속에서 대자연은 춘하추동, 생장수장, 성주괴공의 모습으로 운행되며, 자연 속에서 일어나는 무위의 개념을 인간사회에 적용하면 인의예지 또는 육바라밀의 실천으로 말할 수 있을 것이다. 기독교의 사랑과 불교의 자비도 결국 무위의 실현이라는 점에서 공통점을 지닌다 할 것이다. 위의 시 〈겨울 점묘화〉가 보여주고자 하는 게 바로 무위적 사랑의 세계라 할 수 있을 것이다. 맹자가 말한 "인仁은 사람의 마음이요, 의義는 사람의 길이다"[5]의 세계는 결국 무위의 세계를 지향한 것임을 알 수 있게 된다. 함박눈을 맞으며 야간작업을 마치고 돌아오는 딸을 기다리는 어머니의 모습이 한 폭 사랑의 점묘화로 탄생한 것이다. 어머니의 이 기다림에는 인의예지가 모두 함축되어 있다. 함박눈으로 지워지고 있는 어머니의 모습을 통해 시인은 사랑과 인의예지의 한 상징을 고요히 피워 올린 것이다.

4. "제 살 흩어버린 저 광활한 바다"

박윤기 시인의 시 창작에서 1977년과 1978년의 신춘문예 당선작 〈인종의 겨울〉과 〈도천수관음가〉는 시인의 시적 방향성을 짐작하게 하는 원형적 모델로 보아도 크게 벗어나지 않을 듯하다. 두 작품은 시대적 배경과 주제에서 공통점을

---

5) "仁人心也 義人路也"

지니고 있다. 고통의 시대를 극복해나가야 한다는 민중의식의 발로가 엿보이고 있으며, 인간의 내면에 지니고 있는 초월적 신성을 긍정하고 있다는 점이다. 〈인종의 겨울〉은 고통을 극복하려는 어머니의 구도적 자세에서 초월적 신성이 찾아지고 있으며, 〈도천수관음가〉는 극한 상황을 버텨내는 '아직 꽃 피지 않은 마을'의 사람들의 내면에서 '천수관음(관음보살)'의 위력을 믿는 마음을 찾아볼 수 있다. 사실 현실의 고통을 버티게 하는 초월적 신성은 외부에서 찾아지는 것이 아니고 인간의 내부에서 찾아지는 것임을 지난 역사의 성인, 현자들은 누누이 말해왔다.

균형과 조화를 지향하는 음양오행의 원리는 곧 사랑과 자비의 원리와 동일한 것임을 알게 한다. 하이데거는 "시란 언어로 존재를 건설한다."[6]고 하면서 시인은 상주常住하는 것을 바탕삼아 인간의 본질을 발견하고 서로 하나가 되기 위한 대화를 이루어야 함을 말하였다. 여기서 상주하는 것이란 불생불멸의 초월적 존재를 말하는 것으로 현상계 너머의 절대적 세계를 의미한다. 인간의 본질을 알기 위해서는 불생불멸의 상주하는 것을 알아야 하며, 이때 비로소 시인은 언어를 통해 존재를 건설할 수 있다고 말하게 되는 것이다. 이렇듯 시인은 직관을 통해서 끝없이 신(초월적 신성)과의 대화를 나누며 사랑과 자비의 시를 창조하게 되는 것이다.

저 처절한 몸짓 // 치열하게 몸부림치다 / 기진해버린 전자벽시계 // 급히 이삿짐 떠난 마당귀 / 세간 버리고 간 감나무 밑동에 / 비스듬히

---

6) 김진국 편역, 《문학현상학의 이론과 실제》, 명진사, 1980, 72쪽

기대어 숨줄 놓았다.// 항시 제자리에서 쫓기듯 / 미지의 하늘길 맴돌던 행로 / 고개 마루 넘으려다 / 넘지 못하고 / 파르르 파닥이다가 / 지친 팔 늘어뜨린 / 손 끝,// 그의 임종시간 // 일곱 시 이십오 분 오십구 초   －〈방전放電〉전문

한곳에 머물러 / 푸른 싹 틔우기 위해 / 얼마를 더 / 허공에 떠서 어둠 더듬어 / 뿌리 내려야 했을까 // 햇빛이 그리운 / 음지의 연약한 목숨은 / 검은 절망 젖히고 / 얼마를 더 / 머리 내밀어야 하나 // 채근하는 조선소 야간작업,// 오늘 밤도 / 높은 선실내벽 강판에서 / 채 뿌리 내리지 못하고 / 부등한 차별의 분노,/ 그 틈을 땜질하는 / 노란 헬멧의 / 비정규직 용접공   －〈콩나물〉전문

위의 시 〈방전放電〉은 이사하여 텅 빈 집 마당의 한쪽 감나무 밑동에 남겨진 전자벽시계를 통해 서민들이 품고 살아가는 삶의 애환을 풍유하고 있다. 치열하게 몸부림치다 죽어간 전자벽시계의 처절한 몸짓을 임종시간으로 제시한 "일곱 시 이십오 분 오십구 초"를 통해 보여주고 있으니, 그 발상의 기발함이 시의 감상을 즐겁게 한다. 시의 감상이 즐겁다 함은 비유를 통한 이 시의 설득력이 높다는 것을 의미한다. '일곱 시 이십오 분'은 죽은 상태로 두 손이 축 처져 있는 모습을 보여주고 있으며, '오십구 초'는 60초라는 정점의 고개를 차마 넘기지 못하고 오십구 초 위치에서 죽을 때까지 계속 깔딱거렸을 전자벽시계의 최후를 떠올리게 한다. 죽어가는 벽시계의 최후 모습을 통해 생활고에 시달려 이사를 떠나야 했을 한 가족의 운명을 그려내고 있다는 점에서 시대를 향하는 시인의 측은지심과 애정이 느껴지는 명편의 시라 하겠다.

박윤기 시인에게 1970년대 이후 대한민국의 이 땅은 지속적으로 '회색의 겨울'이 진행되어 왔으며, 부활의 아침이 도래하기를 바라며 시를 쓰는 '아직도 꽃이 피지 않은 마을'이라 할 수 있을 것이다. 위의 시 〈콩나물〉은 대기업 조선소에서 일하는 비정규직 노동자의 현실을 안타깝게 바라보면서 우리 땅 이 시대의 노동현실을 풍자한다. 노란 콩나물의 머리를 비정규직 용접공의 노란 헬맷으로 비유하고 있는 점에서 시인의 탁월한 시선을 느끼게 한다. "햇빛이 그리운 / 음지의 연약한 목숨"이나 "얼마를 더 / 허공에 떠서 어둠 더듬어 / 뿌리 내려야 했을까"라는 표현은 땅에 뿌리를 내리지 못하고 시루 속에 갇힌 채 살아가는 콩나물 즉 비정규직 노동자의 아픔을 실감나게 한다. 또한 정규직과 비정규직 그 차별과 분노의 틈새를 땜질한다고 하는 신랄한 비유는 이 시가 의도하는 현실비판 의식과 심미적 취지 모두를 성취하게 하고 있음을 확인한다.

자맥질하여 낡은 고깃배 / 스크류에 감긴 어망 걷어내다 / 뿌리 잘린 손가락 / 접합수술 마친 낯선 나라 병실에서 / 껍질 깨는 아픔 견디며 / 뿌리 내리려는 / 맹그로브 씨 하나 / 눈가에 맹그르 도는 / 제 고향 바다보다도 짠 / 발아發芽의 눈물 －〈맹그로브 눈물〉 일부

불법체류자로 / 고용주에게 발목이 묶여 / 상해 보상도 / 제대로 받지 못하는 젊은 가장, // 수술 회복실에서 / 잘려나간 손마디 바라보며 / 여린 날개 파닥이는 오열 // 가을밤 적시는 / 섬돌의 귀뚜라미보다 더 깊다 －〈미얀마 귀뚜라미〉 일부

절망과 공포의 바닷속 할퀴며 짓뜯다 간 어린 별 / 다 찾지도 못하는

불통의 거리를 창공이라 할 것인가 // 숨비소리 터트리며 / 떠오를 것만 같던 별들이 제 살 흩어버린 저 광활한 바다 / 꽃 피우지 못한 어린 별들이 / 젖은 꽃망울 현란하게 터트릴 저 절대무변의 공간 ─〈창공〉 일부

위 세 편의 시들도 역시 〈도천수관음가〉의 기원을 이어가고 있는 후속편이라 할 수 있을 것이다. 어찌 보면 박윤기 시인의 이번 시집 《음반 위의 소금쟁이》는 그의 첫 데뷔작 〈인종의 겨울〉과 〈도천수관음가〉가 지향하는 철학을 기반으로 하면서 이를 확장하고 실천해가는 면모를 보여주고 있다 할 것이다.

위의 〈맹그로브 눈물〉을 보면, 시의 첫 부분에서는 제 눈물보다 짠 바닷물에서 맹그로브가 뿌리를 내리더니, 쫓겨온 나라 이역의 병실에서는 반대로 맹그로브 씨를 품고 있는 청년의 눈에서 고향바다보다도 짠 발아의 눈물이 흘러나오고 있다. 이역의 낯선 현실 속에서 맹그로브 씨가 뿌리를 내린다는 게 얼마나 어려운 일인가를 보여주는 시라 할 것이다. 위의 〈미얀마 귀뚜라미〉도 외국노동자가 겪는 아픔을 보여준다는 점에서 〈맹그로브 눈물〉과 유사한 내용구조를 보인다. 손가락이 잘려나갔어도 상해보상조차 받지 못하는 외국노동자의 오열을 밤새 우는 섬돌의 귀뚜라미와 비교시킴으로써 더욱 안타까운 마음을 불러오게 한다.

위의 시 〈창공〉은 수학여행을 떠나던 단원고 학생을 비롯한 304명의 목숨을 어이없이 수장시킨 2014년 세월호 참사의 아픔을 그려낸 시다. 말로 형용할 수 없는 참혹한 사건을 어떻게 그려낼 수 있을까. 그래도 이 시 〈창공〉이 주고 있는

시적 공감은 대비의 효과를 통해서 이루어질 수 있었다. "절망과 공포의 바닷속 할퀴며 짓뜯다 간 어린 별"이라는 참혹함을 제대로 비추어낼 수 있는 시적 표현을, 즉 "젖은 꽃망울 현란하게 터트릴 저 절대무변의 공간"을 찾아낸 것이다. 이 '절대무변의 공간'은 '창공'을 말하는 것인바, 이 '창공'의 개념을 통해 시신조차 다 찾지도 못하는 '불통의 거리'를 거론함으로써 말로 표현할 수 없는 막막한 아픔을 견지해낼 수 있는 언어를 찾아낸 것이다. 이 시에서 '창공'은 아픔 너머에 존재할 전지전능의 신(하느님)을 떠올리고 있으며, 그럼으로써 도무지 달랠 수 없는 어린 영혼들을 그나마 위로할 수 있도록 한 것이다. '불통의 거리'라는 표현과 함께 절대순수의 '창공'을 떠올리는 시적 아이러니가 곧 박윤기 시인이 지니고 있는 직관의 힘이라 할 수 있을 것이다.

5. "여린 보습 날 벼리고 있다"

노자는 "성인은 무위의 일에 머물며 침묵의 가르침을 배운다."[7]라고 하였으며, 하이데거는 〈휠더린과 시의 본질〉에서 "시작詩作이라 함은 근원에서 신들의 이름을 부름을 말한다."고 하였고, 시인의 역할은 신들의 언어인 눈짓을 붙잡아서 이것을 다시 사람들에게 눈짓으로 전해주는 일이라고 말하였다. 노자가 말하는 무위와 침묵, 하이데거가 말하는 신들의 이름, 신들의 눈짓 등의 언어들은 현상계의 상대성을

---

7) 윤홍식,《위경영의 지혜》, 봉황동래, 2016, 20쪽. "聖人處無爲之事 行不言之教"

초월한 절대의 세계를 표현하고자 한 말들이라 할 것이다. 예술학에 대한 연구를 마무리하면서 내놓은 와타나베 마모루의 다음과 같은 진술은 예술의 진선미에 대하여 시사하는 바가 크다.

예술의 감성적 형체는 항상 변해가고 그 표현방식은 항상 새로운 것을 구해마지 않지만 그 궁극에 상징되는 것 즉 진선미는 불변한다. 변화를 가지면서 불변을 견취見取하는 것이야말로 예술 본래의 임무인 것이다.[8]

와타나베 마모루는 예술의 세계에서 추구하는 진선미는 불변하는 것으로 절대의 영역에 속하는 것임을 말하고 있다. 이는 노자가 말한 무위와 침묵의 세계, 하이데거가 말한 신들의 눈짓 등과 일맥상통하는 견해임을 알 수 있다. 인간은 스스로는 비록 인식하지 못한다 해도 절대의 영靈과 함께 살아가는 존재이기에 생각과 감정과 오감을 누리며 살아갈 수 있는 존재이다. 특히 예술가는 잡념을 내려놓고 순수한 상태에서 몰두하는 일을 업으로 삼고 작업을 하는 존재이기에 상대성을 초월한 진공眞空의 세계에서 영감을 만나게 되고 나름대로 진선미를 갖춘 예술적 표현을 얻어낸다 할 것이다. 특히 예술의 세계에서는 어느 작품이든 미적인 요소를 간과해서는 공감을 얻기가 어려워진다. 박윤기 시인의 시 중 다른 시에 비하여 미적인 요소가 크게 작용하고 있는 몇 편의

---

8) 와타나베 마모루(이병용 옮김), 《예술학》, 현대미학사, 1994, 298쪽

시를 살펴본다.

> 쪼개질 듯 / 쪼개지지 않는 // 열려질 듯 / 열려지지 않는 // 부서질 듯 / 부서지지 않는 // 알알이 / 흩어질 듯 / 흩어지지 않는 // 저 보석의 / 붉은 성채 -〈석류〉전문

이 시〈석류〉는 긍정과 부정의 동일 서술어를 반복하고 있는 단순한 문장구조로 이루어져 있는 6연 11행의 짧은 시이다. 짧은 내용에 비해 큰 울림과 감동을 느끼게 하는 이유는 어디에서 비롯하는 것일까? 바로 이런 데서 은유와 상징이 가져올 수 있는 문학적 상상력의 힘이라 할 수 있을 것이다. 붉은 알을 품고 있는 석류의 둥근 외피가 갈라져 있는 모습을 시인은 "저 보석의 / 붉은 성채"로 표현한 것이다. 단단한 성城과 요새로 감싸고 있다고 하는 비유를 통해 누구든 함부로 건드릴 수 없는 귀한 존재라는 것을 '보석'이란 단어로 암시하고 있다. 잠시 들여다보면 시인이 석류를 통해 표현하고자 하는 것은 인간이 품고 있는 마음의 세계임을 알게 된다. 도달할 듯 도달하기 힘든, 만날 듯 만나기 힘든 도道의 절대석 세계를 그려낸 것임을 알게 되면서 이 짧은〈석류〉시는 무한한 상상의 날개를 펼치게 하는 큰 감동의 울림으로 다가온다. 이 시의 주제를 파악하는 순간 자기존재의 본질에 이르게 하는 진선미의 큰 감동을 자아내는 것이다.

> 소는 간 데 없고 / 보습만 허공에 떠 있다. // 먹구름 깔린 하늘, / 갈아 엎으려 // 구름 틈새 비치는 햇살에 // 여린 보습 날 / 벼리고 있다.
> −〈낮달〉전문

위 〈낮달〉의 감상은 불교적 상상력을 요한다. 심우도尋牛圖에 등장하는 '소'와 마찬가지로 이 시의 '소' 역시 구도자의 내면의식을 상징한다. 그런데 밭을 갈아야 할 소가 없어지고 낮달을 가리키는 '보습'만 허공에 떠 있다고 하니, 밭을 가는 사람의 마음은 순수하게 텅 비어 있고, 해야 할 일의 상징으로서 '보습'만 허공에 떠 있는 상황이다. 이 낮달의 기능으로서 허공에 떠 있는 '보습'이 해야 할 일은 먹구름 하늘을 갈아엎는 일이며, 이를 위해 햇살에다 여린 보습 날을 벼리고 있다는 것이다. 텅 빈 마음의 허공에 보습으로 떠 있다가 먹구름 하늘을 갈아엎기 위해 벼리고 있다는 내용에서 진선미 삼위일체의 내용구조를 확인하게 된다. 생각·감정·오감으로 무거울 수밖에 없는 인간적 주체의식을 사라지게 하고, 오로지 순수의식만으로 사회적 비정상의 정상화를 시도하는 순수미학의 상징성을 보여준 것이다. 이번 시집에서 〈섬〉,〈호수〉,〈일필휘지〉,〈풀꽃〉,〈햅쌀〉 등의 짧은 시들은 시의 미학적 특성을 중시하는 박윤기 시인의 면모를 잘 보여준다.

소금쟁이 한 마리 / 발톱 세워 호수에 / 살포시 내려앉는다 // 파문이 퍼지며 / 뱅글뱅글 도는 / 호수 위 // 발톱이 긁고 가는 / 이랑의 골마다 / 파르르 떠는 청아한 울림 // 푸른 음반에서 / 통통 튀며 깨어나 / 맑고 선명하게 울려 퍼지는 / 음향의 유리알들 // 한줄금 우레비로 / 등줄기 난타하며 / 후려치고 가는 짜릿한 전율 -〈음반 위의 소금쟁이〉 전문

위 시 〈음반 위의 소금쟁이〉는 이번 박윤기 시인의 시집 표제작이다. 아마 이 시는 박 시인이 〈인종의 겨울〉을 발표

하고 창작의 길에 들어선 이후 가장 편안하고 행복한 심사를 그려낸 작품의 일례라 할 것이다. 시인은 언제 행복감을 느낄 수 있는 것일까? 이 글 서두를 시작하며 공자의 "아침에 도를 들으면 저녁에 죽어도 좋다"라는 말을 인용하였는데, 인간이 자신의 천명을 알고 천명을 기꺼이 실천하며 살아간다면 축복의 삶을 누리는 것이라 할 수 있을 것이다. 이런 세계를 암시하는 표현이 이 시에 들어 있으니 "발톱이 긁고 가는 / 이랑의 골마다 / 파르르 떠는 청아한 울림"이 그것이다. 호수 위에 발톱을 세우고 움직이는 소금쟁이의 발톱은 청아한 울림을 흘려보내고 있는 음반 위의 바늘이다. 소금쟁이가 가볍게 걷고 옮겨 다니면 푸른 물결의 골마다에서 유리알같이 맑고 선명한 음향이 울려 퍼지는 것이다. 말 그대로 '처처불상處處佛像 사사불공事事佛供'[9]의 현장을 '소금쟁이'란 소재를 동원하여 이렇듯 감각적으로 담아낼 수 있구나.

시가 3연까지로 끝난다면 단조로울 수 있는데, 시의 마지막 연 "한줄금 우레비로 / 등줄기 난타하며 / 후려치고 가는 짜릿한 전율"이란 표현이 시에 활기를 불어넣는다. 우레를 동반하여 한바탕 소나기가 쏟아지면 호수 위 소금쟁이는 마치 스케이트를 탄 양 그야말로 더욱 쏜살같이 흘러 다니게 될 것이다. 이 시에서 '한줄금 소나기'는 평온하게 흘러가던 일상의 세상풍경을 장쾌한 음악이 쾅쾅 울려나오는 짜릿한

---

9) "곳곳이 부처님, 일마다 불공" 원불교 표어의 하나이며, 모든 사람 모든 만물이 부처이기에 가는 곳마다 당처의 부처에게 최선의 불공으로 대하라는 뜻.

축제의 장으로 변모시키는 기능을 한다. 어쨌든 소금쟁이가 물 위를 가볍게 옮겨 다니며 발랄하게 춤도 추고 경쾌한 음악을 흘려보내는 모습은 마음을 가볍게 내려놓고 '처처불상 사사불공'의 자세로 살아가는 자의 맑은 정신세계를 떠올리게 한다. 이러한 작업이 곧 하이데거가 말한바 자신의 내면을 통해 끝없이 다가오는 '신의 눈짓'을 받아들이고 해석하면서, 이를 다시 시 창작을 통해 끝없이 존재의 집을 건설하는 일이라 할 것이다.

박윤기 시인의 시집《음반 위의 소금쟁이》는 1977년 등단 이후 50년 만에 나오는 첫 시집이다. 너무도 늦은 시집의 발간이다. 늦었다 한들 무슨 대수랴. 그 긴 세월 시 창작을 생명처럼 여기고 꾸준히 시를 써왔으면 그것만으로도 족하지 않을까? 아무런 보상이 없는 듯해도 활동한 만큼 정신적 보상만큼은 꼭 찾아오는 게 예술창작이다. 앞으로 몇 권의 시집이 더 나올지는 모르겠으나, 그건 차치하고 우선 이 첫 시집 낸 것을 다행으로 여기고 큰 박수를 보낸다. 인공지능이 계속 발전해간다 해도 인간의 순수의식에서 나오는 직관능력은 애초 불가능하다. 부디 건강관리 잘 하시고, 앞으로도 신의 눈짓을 해석하고 전달하는 일에 계속 힘을 기울이실 수 있기를 축원한다.*